ESTRATÉGIAS DE TRADE DE FUTUROS

*Entre e Saia do Mercado
Como um Profissional com Técnicas
Comprovadas e Poderosas para Lucrar*

WAYNE WALKER

© Direitos Autorais 2017 por Wayne Walker, Todos os direitos reservados.

Este livro foi escrito com o objetivo de fornecer informações tão precisas e confiáveis quanto possível. Os profissionais devem ser consultados conforme necessário antes de empreender qualquer uma das ações aqui endossadas.

Esta declaração é considerada justa e válida tanto pela Ordem dos Advogados Americana quanto pela Associação do Comitê de Editores e é legalmente obrigatória em todos os Estados Unidos.

Além disso, a transmissão, duplicação ou reprodução de qualquer um dos seguintes trabalhos, incluindo informações precisas, será considerada um ato ilegal, independentemente de ser feito eletronicamente ou em papel. A legalidade se estende à criação de uma cópia secundária ou terciária da obra ou uma cópia registrada e só é permitida com o consentimento expresso por escrito da Editora. Todos os direitos adicionais são reservados.

As informações nas páginas seguintes são amplamente consideradas como um relato verdadeiro e preciso dos fatos, e como tal qualquer desatenção, uso ou mau uso das informações em questão por parte do leitor tornará qualquer ação resultante unicamente sob sua alçada. Não existem cenários em que o editor ou o autor desta obra possa ser de alguma forma considerado responsável por qualquer dificuldade ou dano que possa lhes ocorrer após empreender as informações aqui descritas.

ÍNDICE

INTRODUÇÃO 5

CAPÍTULO 1: Visão geral de Futuros 7

CAPÍTULO 2: Futuros de Commodities 15

CAPÍTULO 3: Datas de Contratos, Bolsas e Margens 19

CAPÍTULO 4: Fornecedores de Commodities 27

CAPÍTULO 5: A Sazonalidade e o Mercado de Futuros 33

CAPÍTULO 6: Negociando Futuros Usando Múltiplos Prazos........ 41

CAPÍTULO 7: Análise de Intermercados 55

CAPÍTULO 8: Estratégias de Spread 63

CAPÍTULO 9: Diversificação 71

CAPÍTULO 10: Fundos de Índices 77

CONCLUSÃO 83

PERFIL DO AUTOR 85

INTRODUÇÃO

Parabéns por sua cópia pessoal de Estratégias de Trade de Futuros. Este livro garantirá que você esteja equipado para começar a usar contratos futuros como um instrumento de negociação. Examinaremos as técnicas comprovadas de entrada no mercado de futuros junto com a estratégia de análise técnica necessária para executá-los.

O livro trata principalmente da negociação de futuros, por mais que o mercado de futuros possa ser, e muitas vezes é, influenciado por outros mercados. Nos últimos capítulos vamos analisar esses mercados individualmente e no último capítulo você será apresentado aos fundos de índice (ETFs), um dos produtos mais importantes e úteis criados para investidores individuais nos últimos anos.

Há muitos livros no mercado, obrigado por ter escolhido este.

CAPÍTULO 1:
Visão geral de Futuros

Você provavelmente já ouviu falar de amigos ou na mídia dos traders que lucram com o mercado de futuros e talvez tenha se perguntado se você também poderia lucrar com estas flutuações de preços globais. A resposta: sim, você também pode participar do mercado de futuros com uma conta de trade.

O mercado de futuros é estimulante e amplo porque permite negociar contratos futuros em tudo, desde algodão e açúcar até taxas de juros e energias. Você não está limitado a apenas um setor da economia global nem a períodos econômicos fortes. Como trader, você pode ganhar dinheiro quando os preços estão subindo e também quando os preços estão descendo no mercado de futuros.

Contratos Futuros

A base do mercado de futuros é o contrato de futuros. Para participar do mercado de futuros é preciso entender o que é um contrato de futuros e como ele funciona. Comecemos com uma definição básica e depois passaremos a uma compreensão mais profunda dos contratos e como você pode lucrar com eles. Um contrato de futuros é um contrato entre um comprador e um vendedor em que o vendedor concorda em entregar uma mercadoria/instrumento subjacente ao comprador em uma data especificada por um preço especificado.

Contratos

Compradores e vendedores criam contratos futuros. Isto pode parecer estranho no início se você estiver familiarizado com as ações negociadas que são emitidas por empresas que determinam o número de ações disponíveis. Os contratos de futuros são diferentes das ações da bolsa. Enquanto há um número finito de ações disponíveis na bolsa de valores, em contraste, há um número infinito de contratos futuros potenciais disponíveis. Desde que haja um comprador e um vendedor, juntos eles podem criar um contrato futuro.

As bolsas de futuros rastreiam quantos contratos são criados e listam o montante como volume. O volume informa quantos contratos são criados para cada mercadoria disponível durante cada período de negociação. Por exemplo, se você estivesse olhando para o contrato futuro de gás natural e visse um volume de 75.000, então você saberia que 75.000 contratos foram criados naquele dia para os contratos futuros de gás natural.

O volume pode revelar muito sobre o que está acontecendo com um contrato futuro e quantas pessoas o estão negociando, mas não fornece o quadro completo porque nem todo o volume vem de comerciantes abrindo novas operações. Uma grande quantidade de volume é gerada por negociadores que já estão em negociações e querem sair de suas negociações.

Os traders de futuros que estão em uma operação e querem sair dela têm que criar um novo contrato para compensar seu outro contrato.

Como trader de futuros, você precisa estar ciente não apenas de quantos contratos foram criados, mas também de quantos desses contratos permanecem ativos. Alto volume e alto interesse aberto são sinais de boa liquidez no mercado, o que significa que deve ser muito fácil para você entrar e sair rapidamente de suas próprias negociações com um pequeno spread entre o preço de compra e venda. Baixo volume e baixo interesse aberto são sinais de baixa liquidez no mercado, o que significa que provavelmente será muito difícil para você entrar e sair rapidamente de suas próprias negociações a um bom preço.

Preço de Compra e Venda

Vamos dar uma olhada nos compradores e vendedores dos contratos. Os contratos de futuros são cotados em dois preços: um preço de oferta e um preço de venda. O preço de compra é o preço que você recebe quando vende seus contratos futuros. O preço de venda é o preço oferecido quando você quer comprar contratos futuros. O preço de compra é sempre inferior ao preço de venda, e a diferença entre os dois é chamada de spread. Quando um contrato tem baixo volume, o spread entre a compra e a venda será amplo. Quando um contrato de futuros tem um volume alto, o spread entre a compra e a venda será estreito ou pequeno. Como um trader de futuros, ou um trader em geral, você quer que o spread seja tão pequeno quanto possível.

Você pode ser um comprador ou um vendedor de um contrato futuro. O mercado de futuros oferece grande flexibilidade para comprar ou vender. Desde que haja alguém do outro lado disposto a vender um contrato que você queira comprar, ou comprar um contrato que você queira vender, você pode criar o contrato.

Posições Longas e Curtas

Dois termos que você ouvirá com frequência ao discutir contratos futuros de compra e venda são longos e curtos. Estar longo em um contrato significa comprar o contrato. Estar curto em um contrato significa vender o contrato.

Normalmente, os traders de futuros procuram comprar um contrato quando acreditam que o preço vai subir, e eles querem vender um contrato quando acreditam que o preço vai descer. Seu trabalho como trader de futuros é determinar em que direção você acredita que o preço vai se movimentar e negociar de acordo.

Os preços dos contratos futuros flutuam diariamente e algumas bolsas de futuros limitam a distância que alguns contratos podem se mover em um período de negociação. Os contratos futuros com regras de flutuação de preço máximo a eles associadas deixarão de ser negociados caso se movimentem muito em uma direção.

Os contratos futuros também têm o que se conhece como limites para cima e limites para baixo. Se o preço do contrato de futuros subir muito alto ou descer muito baixo, a negociação desse contrato parará por alguns minutos para permitir que a bolsa determine se a negociação deve continuar naquele dia ou se deve ser interrompida para evitar o pânico na bolsa.

Hedgers e Especuladores

Compradores e vendedores de contratos futuros são normalmente divididos em dois grupos: hedgers e especuladores.

Os hedgers são comerciantes que usam contratos futuros para cobrir os riscos que enfrentam ao lidar com as commodities reais subjacentes (ex. um agricultor de trigo) e as oscilações de preços associadas a elas.

Especuladores são comerciantes que usam contratos futuros para especular e, espera-se, lucrar com as mudanças de preços das commodities subjacentes. Especuladores normalmente NÃO lidam com as commodities subjacentes cobertas pelo contrato de futuros em seu dia-a-dia de negócios. O mais provável é que você se inclua nesta categoria de negociadores de futuros.

Especuladores compram contratos futuros sobre commodities que eles acreditam que vão aumentar de valor e vendem contratos futuros sobre commodities que eles acreditam que vão cair de valor. Os especuladores desempenham um papel importante no mercado de futuros. Eles fornecem liquidez para os hedgers que estão procurando compensar seu risco. Especuladores assumem riscos quando entram em uma negociação. Em termos simples, os hedgers passam seus riscos para os especuladores que esperam lucrar com eles.

Agora que você tem uma compreensão básica de quem são os compradores e vendedores no mercado de futuros, vamos dar uma olhada nas commodities que esses compradores e vendedores estão negociando.

CAPÍTULO 2:
Futuros de Commodities

Futuros de Commodities

Quando muitas pessoas pensam no mercado de futuros de commodities, elas pensam em negociar café ou suco de laranja. Enquanto essas commodities são negociadas nas bolsas de futuros, elas constituem uma parcela menor da atividade comercial. Atualmente, contratos de petróleo, contratos de gás natural, contratos de taxa de juros, grãos e outros dominam o mercado de futuros.

O mercado de futuros oferece uma ampla e diversificada gama de contratos que você pode negociar. Você pode lucrar com a queda dos preços do petróleo e pode tirar proveito de uma moeda em alta. Você pode dividir os contratos de futuros disponíveis em duas categorias: futuros de commodities e futuros financeiros.

Os contratos futuros de commodities são contratos futuros baseados em uma commodity física que você pode obter, cultivar, extrair e transportar de um lugar para outro. Os contratos futuros de commodities abrangem os seguintes setores:

- Agricultura
- Metais de Base
- Energias
- Carnes
- Metais Preciosos
- Softs

Os futuros financeiros são contratos futuros que são baseados em produtos financeiros como títulos e índices de ações. Os futuros financeiros abrangem os seguintes setores de futuros:

- Títulos
- Moedas
- Taxas de juros de curto prazo
- Índices de Ações

Dentro de cada um destes setores você encontrará contratos que vão do açúcar e soja à prata e ao cobre, e cada contrato tem uma personalidade única. Cobriremos diversos desses setores e os contratos dentro deles em capítulos posteriores.

CAPÍTULO 3:
Datas de Contratos, Bolsas e Margens

Datas de Contratos

Todo contrato futuro tem uma data específica na qual ele expira e um preço específico pelo qual o vendedor deve fornecer a mercadoria e o comprador deve pagar por ela. Nós daremos uma olhada nas datas envolvidas com um contrato, e então daremos uma olhada na entrega real da mercadoria subjacente.

Os contratos futuros têm três datas-chave com as quais você precisa estar familiarizado: Data de aviso, Data de expiração e Data de entrega.

A **Data de Aviso** é o primeiro dia que o vendedor de um contrato futuro pode dar ao comprador do aviso de contrato para esperar a entrega da commodity subjacente. Por exemplo, se você vender um contrato futuro de cobre bruto, você pode avisar ao comprador do contrato que você estará entregando o cobre real. Na realidade, você não fará isso, mas compensará seus contratos antes de receber a entrega.

A **Data de Expiração** é o dia em que o contrato futuro expira. É também o último dia de negociação do contrato. Os contratos futuros expiram todo mês, entretanto, nem toda mercadoria é negociada todo mês, mas há sempre alguns contratos de mercadorias disponíveis a cada mês. Você precisa verificar a mercadoria específica que você está negociando para ver quando o contrato expira.

Cada contrato futuro tem um símbolo único que diz qual é a mercadoria subjacente e quando o contrato expira. Cada símbolo de ticker é dividido em três partes: a identificação do instrumento, o mês de expiração e o ano de expiração. Por exemplo, o símbolo do ticker de um contrato de petróleo bruto que expira em julho de 2017 é CLN17. CL representa o instrumento, N representa o mês de expiração, 17 representa o ano de expiração.

Os símbolos dos meses das commodities estão abaixo:

F	Janeiro
G	Fevereiro
H	Março
J	Abril
K	Maio
M	Junho
N	Julho
Q	Agosto
U	Setembro
V	Outubro
X	Novembro
Z	Dezembro

A **Data de Entrega** é a última data até a qual a commodity subjacente deve ser entregue do vendedor para o comprador. A data de entrega também é conhecida como a data de liquidação. Entretanto, o vendedor não tem que esperar até a data de entrega para entregar a commodity. O vendedor pode entregar a qualquer momento durante o período de entrega, o período entre a data da primeira notificação e a data de entrega.

Novamente, não há necessidade de se preocupar em entregar ou receber a entrega de uma commodity que você esteja negociando. Você deve compensar suas posições antes que seus contratos expirem. Na verdade, a maioria dos traders, tanto especuladores quanto hedgers, compensam suas posições. Apenas uma pequena porcentagem dos contratos futuros realmente chega à entrega.

É importante saber que existem dois tipos de entrega em contratos futuros: entrega física e entrega liquidada à vista. A entrega física ocorre quando o comprador recebe a commodity subjacente do contrato. A entrega liquidada à vista ocorre quando, em vez de tentar receber um ativo intangível como o S&P 500, o comprador recebe o equivalente em dinheiro do que o ativo subjacente valeria.

Agora você tem as informações básicas que precisa para entender o que é um contrato futuro. Vamos dar uma olhada em onde e como você realmente negocia contratos futuros.

Corretoras de Futuros

Uma corretora ou um banco de futuros são seu portal para o mercado de futuros. Sua corretora de futuros lhe dá acesso a uma plataforma de negociação e a uma conta que lhe permite comprar e vender contratos. Sua corretora também lhe fornece as ferramentas necessárias para pesquisar e monitorar suas operações.

Bolsas de Futuros

Quando você efetua uma operação para comprar ou vender um contrato, seu banco ou corretora envia essa operação a uma bolsa de futuros para execução. No passado, sua operação teria sido enviada para o campo de negociação no andar da bolsa de valores para qualquer contrato que você estivesse negociando. Operadores físicos negociariam preços e sua negociação seria preenchida. Algumas negociações ainda são executadas em pregões físicos, muitas mais agora são executadas online eletronicamente. Softwares complexos combinam compradores com vendedores e executam negociações em frações de um segundo. Avanços tecnológicos como estes tornaram a negociação mais eficiente.

Aqui está uma lista de algumas das bolsas nas quais você pode negociar:

Chicago Board of Trade (CBOT), via ECBOT
Chicago Mercantile Exchange (CME), via GLOBEX
New York Mercantile Exchange (NYMEX), via GLOBEX
New York Board of Trade (NYBOT), via ICE NYBOT
GLOBEX
Eurex
Euronext

ICE
Borsa Italiana
London International Financial Futures Exchange (LIFFE)
Spanish Official Exchange (MEFF)
OMX Stockholm (SSE)

Agora que você sabe onde pode negociar contratos de futuros, vamos dar uma olhada em como você realmente faz suas negociações.

Requisitos de Margem

Para muitos, um dos conceitos mais complicados de entender como um novo trader de futuros é o conceito de margem. Quando você negocia um contrato de futuros, você não paga pelo valor total da mercadoria subjacente antecipadamente, como faria quando negocia ações. Em vez disso, você coloca uma negociação e deposita sua margem em seu corretor de futuros, verificando se você tem dinheiro suficiente para cobrir quaisquer perdas que possa ter com a negociação.

Por exemplo, para comprar um contrato futuro de 1.000 barris de petróleo bruto, em vez de ter que pagar $50.000 por 1.000 barris de petróleo bruto (a uma taxa de mercado de $50 por barril) adiantado, você precisaria apenas de $3.500 (por exemplo, apenas para propósitos) em sua conta como margem. Isto permite que você possa suportar algumas perdas neste comércio, caso elas venham.

A margem que você coloca de lado quando entra em uma negociação é chamada de margem inicial. Depois de executar uma negociação, talvez você não precise manter o mesmo nível de margem. Quando você está em uma negociação, você só precisa atender ao que é chamado de exigência de margem de manutenção, que, dependendo da troca, é normalmente menor. A margem de manutenção é a quantidade de dinheiro que você deve reservar para permanecer em uma negociação. Em nosso exemplo de petróleo bruto, sua exigência de margem de manutenção seria de apenas $3.000, em comparação com a exigência de margem inicial de $3.500.

As exigências de margem são estabelecidas pelas câmaras de compensação de futuros. As exigências de margem também não são fixadas permanentemente. As câmaras de câmbio/de compensação podem ajustar as exigências de margem mínima a qualquer momento. Seu corretor pode aumentar suas exigências de margem se assim o desejar. Sua corretora também pode emitir o que é conhecido como chamada de margem se seus níveis de margem caírem abaixo dos mínimos aceitáveis com base nas perdas acumuladas em suas negociações ou aumentos nas exigências de margem. Se você receber uma chamada de margem então você deve depositar mais dinheiro em sua conta para cobrir seus requisitos de margem.

Uma vez que você tenha cumprido sua exigência de margem, você pode entrar em sua profissão. Você pode comprar ou vender um contrato de futuros usando um mercado ou uma ordem de limite.

Uma ordem de mercado é uma ordem de compra ou venda que instrui seu corretor a colocar a negociação na taxa de mercado atual. Uma ordem de limite é uma ordem de compra ou venda que instrui seu corretor a colocar a negociação a um preço específico ou melhor.

Se você quiser entrar ou sair de uma negociação rapidamente e garantir que você entre ou saia, então você deve usar uma ordem de mercado. Se você estiver de acordo em esperar para entrar ou sair de uma negociação até que o preço esteja correto, então você poderia usar uma ordem de limite para garantir que você obtenha o preço que deseja

CAPÍTULO 4:
Fornecedores de Commodities

Os preços dos contratos futuros sobem e descem com as estações do ano. Os movimentos parecem fluir no que parece ser um ritmo previsível, os preços parecem sempre subir em certas épocas do ano e descer em outras épocas do ano. Seja na primavera para as commodities agrícolas, nas férias de verão para as ações ou na demanda de dezembro para metais preciosos, parece haver sempre algo no calendário que influencia a oferta e a demanda no mercado.

Este refluxo e fluxo de preços certamente não é uma ciência exata, muitos outros fatores além da sazonalidade também terão influência no preço de um contrato futuro, mas saber como os contratos futuros que você está observando o progresso através do calendário sazonal pode ajudá-lo a planejar seu ano comercial e se preparar para negociações futuras.

Para ajudá-lo a ter uma visão geral de seu calendário de negociações e quais contratos futuros você pode querer comprar ou vender a qualquer momento, discutiremos as características das quatro estações do ano: Inverno, Primavera, Verão, Outono.

Fornecedores

Antes de passarmos às estações, é importante saber quem são os principais fornecedores de cada mercadoria para que você possa entender melhor porque a mudança de estações afeta cada uma delas.

Na economia global de hoje, as commodities que consumimos podem vir de praticamente qualquer lugar do mundo. Muitas vezes ouvimos falar de megacentros econômicos como os Estados Unidos, a União Europeia e a China e começamos a pensar que tudo o que compramos vem desses lugares. Quando se trata de commodities brutas, no entanto, isso nem sempre é verdade. Países como Brasil, Argentina, Índia e até mesmo o Peru são produtores dominantes de muitas das commodities que comercializam nos mercados de futuros globais.

Ao pensar nos produtores de commodities, especialmente aqueles que produzem commodities agrícolas, é importante lembrar em qual hemisfério eles se encontram, pois isso terá influência nos ciclos das colheitas. Quando é verão no Hemisfério Norte, é inverno no Hemisfério Sul e vice-versa.

Hemisfério Norte: É a metade da Terra que está ao norte do equador, que é cerca de 90% da população humana total da Terra.

Hemisfério Sul: É a metade da Terra que está ao sul do equador, que é cerca de 10% da população humana total da Terra.

Analisemos os três principais produtores para cada uma das seguintes commodities: Energias, Metais Preciosos e Agricultura.

Energia

Petróleo Bruto - Os três maiores produtores mundiais de petróleo bruto são os seguintes:

1. Rússia
2. Arábia Saudita
3. Estados Unidos

Gás Natural – Os três maiores produtores mundiais de gás natural são os seguintes:

1. Rússia
2. Estados Unidos
3. Irã

Metais Preciosos

Ouro – Os três maiores produtores mundiais de ouro são os seguintes:

1. China
2. Austrália
3. Rússia

Prata – Os três maiores produtores mundiais de prata são os seguintes:

1. México
2. China
3. Peru

Agricultura

Soja – Os três principais produtores globais de soja são os seguintes:

1. Estados Unidos
2. Brasil
3. Argentina

Trigo – Os três maiores produtores mundiais de trigo são os seguintes:

1. China
2. Índia
3. Rússia

Milho – Os três maiores produtores mundiais de milho são os seguintes:

1. Estados Unidos
2. China
3. Brasil

Açúcar – Os três maiores produtores mundiais de açúcar são os seguintes:

1. Brasil
2. Índia
3. China

Café – Os três maiores produtores mundiais de café são os seguintes:

1. Brasil
2. Vietnã
3. Colômbia

Algodão – Os três maiores produtores mundiais de algodão são os seguintes:

1. China
2. Índia
3. Estados Unidos

CAPÍTULO 5:
A Sazonalidade e o Mercado de Futuros

Agora que você sabe quem são os principais produtores de cada commodity, vamos dar uma olhada no que você deve estar atento em cada estação do ano.

Janeiro, fevereiro e março

Açúcar

O inverno no Hemisfério Norte é época de colheita da cana-de-açúcar e da beterraba. A colheita da cana-de-açúcar e da beterraba tem um impacto perceptível no abastecimento do mercado. Se for uma boa colheita, a oferta aumentará, o que deverá diminuir o preço do açúcar. Se for uma colheita pobre ou fraca, a oferta diminuirá, o que normalmente deveria aumentar o preço do açúcar.

Abril, maio e junho

Petróleo Bruto

Os preços do petróleo bruto normalmente começam a aumentar na primavera, à medida que os produtores de gasolina começam a antecipar a conhecida temporada de condução de verão nos Estados Unidos.

Milho

A primavera no Hemisfério Norte é época de *plantio* de milho. A época de plantio do milho tem um impacto direto no abastecimento do mercado. Se for um período forte de plantio, a oferta aumentará, o que deverá resultar em uma diminuição do preço do milho. Se for um mau período de plantio, a oferta diminuirá, o que deverá resultar em uma diminuição do preço do milho.

A primavera no Hemisfério Sul é época de *colheita* do milho. A colheita do milho tem um impacto direto no abastecimento do mercado. Se for uma boa colheita, a oferta aumentará, o que deverá diminuir o preço do milho. Se for uma má colheita, a oferta vai diminuir, o que deve aumentar o preço do milho.

Algodão

A primavera no Hemisfério Norte é época de plantio de algodão. A época de plantio do algodão tem um impacto direto no abastecimento do mercado. Se for uma estação de plantio forte, a oferta aumentará, o que deverá diminuir o preço do algodão. Se for uma época de plantio pobre, a oferta diminuirá, o que deverá aumentar o preço do algodão.

Soja

A primavera no Hemisfério Norte é época de *plantio* de soja. A época de plantio da soja tem um impacto direto no abastecimento do mercado. Se for um período produtivo de plantio, a oferta aumentará, o que deverá diminuir o preço da soja. Se for um período de plantio pobre, a oferta diminuirá, o que deverá aumentar o preço da soja.

A primavera no Hemisfério Sul é época de *colheita* de soja. A colheita da soja tem um impacto direto sobre a oferta no mercado. Se for uma boa colheita, a oferta aumentará, o que deverá diminuir o preço da soja. Se for uma má colheita, a oferta diminuirá, o que deverá aumentar o preço da soja.

Açúcar

A primavera no Hemisfério Norte é época de *plantio* de cana-de-açúcar e beterraba sacarina. A época de plantio da cana-de-açúcar e da beterraba tem um impacto direto sobre o abastecimento do mercado. Se for uma época produtiva de plantio, a oferta aumentará, o que deverá diminuir o preço do açúcar. Se for um período de plantio pobre, a oferta diminuirá, o que deverá aumentar o preço do açúcar.

O outono no Hemisfério Sul é época de *colheita* da cana-de-açúcar e da beterraba. A colheita da cana-de-açúcar e da beterraba tem um impacto direto no abastecimento do mercado. Se for uma boa safra, a oferta aumentará, o que deverá diminuir o preço do açúcar. Se for uma má safra, a oferta diminuirá, o que deverá aumentar o preço do açúcar.

Julho, agosto e setembro
Petróleo Bruto

Os preços do petróleo bruto tipicamente saltam mais durante a estação do verão, pois a quantidade de motoristas na estrada aumenta durante o verão e os produtores de óleo de aquecimento no inverno estão aumentando seus suprimentos para vender no início do outono.

Trigo

O verão no Hemisfério Norte é a época da colheita tradicional do trigo. A colheita do trigo tem um impacto direto no abastecimento do mercado. Se for uma boa colheita, a oferta aumentará, o que deverá diminuir o preço do trigo. Se for uma colheita fraca, a oferta diminuirá, o que normalmente deveria aumentar o preço do trigo.

Café

O inverno no Hemisfério Sul é a época da colheita do café. A colheita do café tem um claro impacto sobre a oferta no mercado. Se for uma colheita forte, a oferta aumentará, o que deverá diminuir o preço do café. Se for uma má colheita, a oferta vai diminuir, o que deve aumentar o preço do café.

Açúcar

O inverno no Hemisfério Sul também é época de colheita da cana-de-açúcar e da beterraba. A colheita da cana-de-açúcar e da beterraba tem um impacto direto no abastecimento do mercado. Se for uma colheita forte, a oferta aumentará, o que deverá diminuir o preço do açúcar. Se for uma colheita fraca, a oferta diminuirá, o que deverá aumentar o preço do açúcar.

Outubro, novembro e dezembro

Petróleo Bruto

Os preços do petróleo bruto normalmente diminuem mais durante os meses de outono, à medida que as pessoas começam a dirigir menos. Além disso, as pessoas tendem a comprar a maior parte de seu óleo de aquecimento no início da estação, deixando menos demanda durante o resto da estação.

Trigo

O outono no Hemisfério Norte é época de plantio de trigo. A época de plantio do trigo tem um impacto direto no abastecimento do mercado. Se for um período produtivo de plantio, a oferta aumentará, o que deverá diminuir o preço do trigo. Se for um mau período de plantio, a oferta diminuirá, o que deverá aumentar o preço do trigo.

Milho

O outono no Hemisfério Norte é a época da colheita do milho. A colheita do milho tem um impacto direto no fornecimento no mercado. Se for uma boa colheita, a oferta aumentará, o que deverá diminuir o preço do milho. Se for uma má colheita, a oferta diminuirá, o que deverá aumentar o preço do milho.

Algodão

O outono no Hemisfério Norte é a época da colheita do algodão. A colheita do algodão tem um impacto direto no abastecimento do mercado. Se for uma boa colheita, a oferta aumentará, o que deverá diminuir o preço do algodão. Se for uma colheita fraca, a oferta diminuirá, o que deverá aumentar o preço do algodão.

Soja

O outono no Hemisfério Norte é a época da colheita da soja. A colheita da soja tem um impacto direto no fornecimento no mercado. Se for uma boa colheita, a oferta aumentará, o que deverá baixar o preço da soja. Se for uma má colheita, a oferta diminuirá, o que deverá aumentar o preço da soja.

Açúcar

O outono no Hemisfério Norte também é época de colheita da cana-de-açúcar e da beterraba. A colheita da cana-de-açúcar e da beterraba tem um impacto direto no abastecimento do mercado. Se for uma boa colheita, a oferta aumentará, o que deverá baixar o preço do açúcar. Se for uma má colheita, a oferta diminuirá, o que deverá aumentar o preço do açúcar.

A primavera no Hemisfério Sul é tempo de plantio de cana-de-açúcar e beterraba sacarina. A época de plantio da cana-de-açúcar e da beterraba tem um impacto direto sobre o abastecimento do mercado. Se for uma época produtiva de plantio, a oferta aumentará, o que deverá diminuir o preço do açúcar. Se for um período de plantio pobre, a oferta diminuirá, o que deverá aumentar o preço do açúcar.

Café

A primavera no Hemisfério Sul é tempo de floração para o café. A época de floração do café tem um impacto direto no abastecimento do mercado. Se for uma boa época de floração, a oferta aumentará, o que deverá diminuir o preço do café. Se for uma má época de floração, a oferta diminuirá, o que deverá aumentar o preço do café.

CAPÍTULO 6:
Negociando Futuros Usando Múltiplos Prazos

Negociando Futuros Usando Múltiplos Prazos

Os mercados de futuros em todo o mundo são capazes de funcionar eficientemente porque durante qualquer sessão de negociação, há uma oferta constante de comerciantes que querem comprar contratos futuros enquanto outros comerciantes querem vendê-los. O desejo de um comerciante de comprar ou vender é influenciado por sua estratégia, seu objetivo e seu cronograma. Comerciantes de curto prazo e de longo prazo verão coisas dramaticamente diferentes em seus gráficos porque eles estão escaneando gráficos muito diferentes. Comerciantes de curto prazo provavelmente estão vendo gráficos de 1 minuto a 15 minutos, enquanto os de longo prazo provavelmente estão vendo gráficos diários, semanais ou mensais.

As tendências, linhas de suporte e resistência e indicadores técnicos parecem muito diferentes em um gráfico de 5 minutos para a forma como eles se parecem em um gráfico diário. Por exemplo, você pode olhar para um gráfico de 5 minutos de ouro e ver que o preço parece estar em uma tendência de baixa. No entanto, se você mudar suas configurações para um gráfico diário, você pode ver que o preço tem estado em uma tendência de alta há meses.

Então, qual gráfico é preciso? O ouro está em tendência ascendente ou em tendência descendente? A resposta é que os dois gráficos estão corretos. Tudo depende de sua perspectiva e de seu cronograma comercial. Se você é um negociador de curto prazo, você deve estar se concentrando em gráficos e tendências de curto prazo. Se você é um negociador de longo prazo, você deve estar se concentrando em gráficos e tendências de longo prazo. Entretanto, se você conseguir que tanto as tendências de curto prazo quanto as de longo prazo se alinhem, você aumentará as chances de sucesso a seu favor.

Para ter uma ideia mais abrangente das tendências e forças de apoio e resistência que estão influenciando os contratos futuros que você está acompanhando, você deve analisar os três gráficos seguintes (prazos) em sua análise técnica: Gráfico de Tendências (Gráfico de longo prazo), Gráfico de Sinais, Gráfico de Tempo (Gráfico de curto prazo). Uma vez que você tenha analisado cada prazo, você pode juntá-los todos para confirmar uma boa configuração de probabilidade para uma negociação.

Gráfico de Tendências

O gráfico de tendências, como o nome sugere, ajuda você a identificar a tendência dominante com a qual você deveria estar procurando negociar. Se o preço no gráfico de tendência está tendendo para cima, você deve estar procurando comprar o contrato de futuros. Se o preço no gráfico de tendência estiver com tendência para baixo, você deve estar procurando vender o contrato de futuros.

Para identificar o período de tempo que você deve usar para seu gráfico de tendência, primeiro você precisa identificar o período de tempo que você normalmente usa em seus gráficos de sinais. Uma vez identificado o período de tempo de seu gráfico de sinais, você deve incluir outro período de tempo para encontrar o período de tempo que você deve estar usando em seu gráfico de tendências.

A seguir, uma lista de cronogramas comuns do gráfico de sinais. Use-o para identificar o período de tempo ideal para seu gráfico de tendência:

1-minuto gráfico de sinais	15-minuto to 30-minuto gráfico de tendências
5-minutos gráfico de sinais	1-hora gráfico de tendências
15 a 30-minuto gráfico de sinais	4-hora gráfico de tendências
1-hora gráfico de sinais	1-dia gráfico de tendências
1-dia gráfico de sinais	1-semana gráfico de tendências
1-semana gráfico de sinais	1-mês gráfico de tendências

Por exemplo, se você normalmente negocia contratos futuros olhando para um gráfico de 1 hora, você deve usar um gráfico de 1 dia para seu gráfico de tendência. Se você tipicamente negocia contratos futuros olhando para um gráfico de 15 minutos, você deve usar um gráfico de 4 horas para seu gráfico de tendência.

Uma vez identificado o período de tempo que você deve usar para seu gráfico de tendência, você deve determinar a tendência geral no gráfico usando níveis de suporte e resistência ou médias móveis.

Você pode ver no gráfico semanal para o dólar australiano que o nível de suporte diagonal indica que este contrato futuro está em uma tendência de alta.

Figura 1 – Gráfico de Tendências

Se houver uma tendência de alta em seu gráfico de tendências, você deve estar procurando sinais de entrada de compra em seu gráfico de sinais. Se houver uma tendência de queda em seu gráfico de tendência, você deve estar procurando sinais de venda em seu gráfico de sinais. Uma vez identificada a tendência que você precisa para identificar os sinais comerciais lucrativos.

Um dos muitos benefícios que você desfrutará ao utilizar múltiplos prazos em suas negociações é que você verá o mercado de futuros a partir das perspectivas de muitos tipos diferentes de negociadores. Ao olhar tanto para os gráficos de curto como de longo prazo, você estará mais consciente daquilo a que tanto os negociadores de curto como de longo prazo estão prestando atenção. Isto ajudará a evitar que você seja pego de surpresa com qualquer movimento repentino de preços.

Gráfico de Sinais

O gráfico de sinais é seu gráfico mais importante. Ele fornece os sinais comerciais de entrada que lhe dizem quando procurar oportunidades de compra e venda com base na estratégia comercial que você utiliza. Por exemplo, se você normalmente usa o índice de canal de mercadorias (CCI) para ajudá-lo a identificar sinais comerciais, você o usará aqui no gráfico de sinais. Você não precisa usar o indicador no gráfico de tendência ou no gráfico de tempo (ver figura 2).

Figura 2 – Gráfico de Sinais

A utilização de um gráfico de sinais em conjunto com um gráfico de tendências permite identificar com mais precisão sinais comerciais potencialmente lucrativos. Por exemplo, se seu gráfico de tendência mostra que o preço está em tendência de alta, você só deve procurar sinais de compra em seu gráfico de sinais. A melhor maneira de tirar proveito de uma tendência de alta a longo prazo é comprar o contrato de futuros. Se seu gráfico de tendências mostra que o preço está em uma tendência de baixa, então você deve estar procurando sinais de venda em seu gráfico de sinais. A melhor maneira de tirar proveito de uma tendência de baixa a longo prazo é vender o contrato de futuros.

Com efeito, o gráfico de tendência permite que você ignore a metade menos rentável dos sinais de negociação que você vê em seu gráfico de sinais. Como estes sinais de negociação estão indo contra a tendência de longo prazo, eles provavelmente não serão bem sucedidos.

Agora que você identificou seus sinais de negociação, precisará então determinar exatamente quando entrar e sair de suas negociações usando seu gráfico de tempo.

Gráfico de Timing

O gráfico de timing, como o nome sugere, ajuda a cronometrar exatamente quando você deve entrar e sair de uma profissão. Cada carrapato conta quando você é um comerciante de futuros, portanto, quanto mais precisamente você puder identificar seus pontos de entrada e saída, mais dinheiro você deve manter em sua conta.

O seguinte é uma lista de horários comuns de quadros de sinalização. Use-a para identificar o período de tempo mais apropriado para seu gráfico de timing:

1-minuto gráfico de sinais	Tick de gráfico de timing
5-minutos gráfico de sinais	1-minuto gráfico de timing
15 a 30-minutos gráfico de sinais	5-minutos gráfico de timing
1-hora gráfico de sinais	15-minutos gráfico de timing

1-dia gráfico de sinais	1-hora gráfico de timing
1-semana gráfico de sinais	1-dia gráfico de timing
1-mês gráfico de sinais	1-semana gráfico de timing

Você pode usar um dos dois métodos a seguir ao identificar seus sinais de entrada e saída em seus gráficos de timing:

1. Você pode identificar a tendência e os níveis de apoio e resistência
2. Você pode usar o mesmo indicador técnico que você usa para gerar seus sinais de negociação

Identificar tendências e apoio e resistência - se você vir uma entrada de compra em sua tabela de sinais, você poderia esperar ver o preço em uma tendência de alta no gráfico de timing. Você também espera ver que o preço do contrato de futuros está mais próximo de suportar do que de resistir. Isto lhe diz que o contrato de futuros tem espaço para se mover mais alto antes de atingir a resistência. Esteja ciente de que se ele acabou de quebrar através da resistência, ele deve continuar a se mover mais alto.

Usando um indicador técnico - Se você usar um indicador técnico, por exemplo, o índice de canal de mercadorias (CCI) em seu gráfico de sinais para gerar sinais comerciais, você pode usar esse mesmo indicador em seu gráfico de timing para ajudá-lo a identificar quando entrar ou sair de sua profissão.

Por exemplo, se você realmente usasse a CCI em sua tabela de sinais, e ela lhe desse um sinal de compra, você adicionaria a CCI em seu gráfico de timing e se certificaria de que ela também lhe desse um sinal de compra no gráfico de timing. Se a CCI não estiver dando um sinal de compra no gráfico de timing, você deve esperar até que ela dê um sinal de compra no gráfico de timing antes de você entrar no comércio (veja **Figura 3**).

Figura 3 – Gráfico de Timing

Configuração de Trade de Alta Probabilidade

Vamos dar uma olhada no que parece uma configuração de trade de alta probabilidade utilizando a abordagem comercial de múltiplos períodos de tempo. Estaremos olhando para um exemplo de petróleo bruto usando um gráfico semanal como o gráfico de tendência, um gráfico diário como o gráfico de sinal, e um gráfico de 1 hora como o gráfico de timing.

Primeiro você deve olhar para seu gráfico de tendência para identificar em que direção o instrumento está tendo tendência. Como você pode ver no gráfico semanal do petróleo bruto, o preço está em tendência de alta há algum tempo (veja **Figura 4**). Seria insensato combater esta tendência e tentar vender o contrato de futuros.

Figura 4 - Gráfico de Tendências (Configuração de Trade de Alta Probabilidade)

Em seguida, você deve olhar a tabela de sinais para identificar um sinal de compra apropriado para o petróleo bruto. Neste exemplo, estamos analisando a utilização do índice de canal de mercadorias (CCI) para gerar o sinal de comercialização. Você pode ver no gráfico diário do petróleo bruto que a CCI deu um sinal de compra em 4 de maio ao cruzar de abaixo -100 para acima -100. O preço do contrato de futuros também estava em uma tendência de alta nesse mesmo período (veja **Figura 5**).

Figura 5 – Gráfico de Sinais (Configuração de Trade de Alta Probabilidade)

Finalmente, você deve olhar a tabela de tempo para identificar um momento apropriado para comprar petróleo bruto. Você pode ver no gráfico de 1 hora que o preço está tendendo para cima e encontrando suporte ao longo de um nível de suporte de tendência para cima (veja **Figura 6**).

Figura 6 – Gráfico de Timing (Configuração de Trade de Alta Probabilidade)

Quando você pode ver que o sinal comercial gerado no gráfico de sinais corresponde tanto à tendência no gráfico de tendência quanto ao movimento de preços no gráfico de tempo, você deve estar confiante de que seu comércio tem uma boa possibilidade de ser lucrativo.

A utilização de vários períodos de tempo fornece informações comerciais mais precisas. Melhores informações normalmente levam a melhores negociações. Melhores negociações conduzem a mais lucros e a um você mais feliz.

CAPÍTULO 7:
Análise de Intermercados

O mercado de futuros é o mercado financeiro global mais diversificado. Embora nenhum outro mercado financeiro possa se comparar à diversidade do mercado de futuros, outros mercados financeiros têm um impacto sobre o mercado de futuros. Por exemplo, o mercado de títulos dos E.U.A. pode influenciar o valor do contrato futuro do Índice Dólar Americano, assim como o iene japonês pode afetar o valor do contrato futuro do Índice Nikkei 225.

Para se tornar um trader de futuros bem-sucedido, você precisará reconhecer as relações que existem entre os mercados financeiros mundiais e compreender como essas relações podem afetar os contratos futuros que você está negociando.

Às vezes você pode receber um aviso antecipado do que vai acontecer no mercado de futuros observando o que está acontecendo atualmente em outros mercados financeiros. Por exemplo, se você vir o valor do par de moedas AUD/USD subir rapidamente, você pode procurar um aumento correspondente no valor do contrato futuro de ouro. Uma vez que você saiba o que procurar, você pode tirar proveito das mesmas correlações que os grandes investidores institucionais estão observando. Nesta seção estaremos nos concentrando em como os seguintes mercados afetam o mercado de futuros: forex, títulos e ações.

O Mercado Forex e o Mercado de Futuros

O aumento da demanda global por commodities tem atrelado o mercado de futuros e o mercado forex mais próximos. Praticamente todos os países ao redor do mundo têm que importar algumas das commodities que consomem. Para comprar essas commodities, os importadores normalmente precisam trocar sua moeda pela moeda do país do qual estão importando suas mercadorias. Esta transação impulsiona a demanda pela moeda do exportador, com um aumento correspondente no valor dessa moeda. Esta transação também impulsiona a oferta da moeda do importador para cima e, portanto, o valor dessa moeda diminui.

Três das principais moedas – o dólar canadense (CAD), o dólar australiano (AUD) e o dólar neozelandês (NZD) – estão intimamente relacionadas e influenciadas pelos valores das mercadorias porque são os principais exportadores de mercadorias. Como o preço das commodities sobe, o valor dessas moedas normalmente sobe. Como o preço das commodities cai, o valor dessas moedas tipicamente cai.

Cada uma destas moedas de commodities, como são conhecidas entre os comerciantes forex, está correlacionada com uma commodity diferente. Por exemplo, os futuros de ouro são altamente correlacionados com o dólar australiano. Como o preço do dólar australiano sobe, o valor dos futuros de ouro tipicamente também aumenta. À medida que o preço do dólar australiano desce, o valor dos futuros de ouro também cai. Embora esta correlação não seja perfeita, vale a pena prestar atenção.

Os negociadores de futuros também podem comprar e vender contratos de futuros que representam diretamente as próprias moedas. Você pode comprar o contrato de futuros para o dólar canadense se você acha que esta moeda vai aumentar de valor. Ou, você pode vender o contrato de futuros para o iene japonês se você acredita que esta moeda vai diminuir de valor. Portanto, prestar atenção ao que está acontecendo no mercado forex durante as sessões de negociação pode levar você a maiores lucros em suas negociações de futuros.

O Mercado de Títulos e o Mercado de Futuros

O mercado global de títulos é o segundo maior mercado financeiro do mundo. Governos, instituições e investidores individuais participam ativamente do mercado global de títulos. Cada um destes participantes do mercado está procurando a mesma coisa, um retorno lucrativo do investimento.

Os títulos do governo constituem a maior porcentagem do mercado global de títulos. Esses títulos são normalmente vistos como investimentos sem risco porque são apoiados pela total boa vontade e fé dos governos nacionais. Entretanto, nem todos os títulos do governo são criados iguais ou alcançam a igualdade. Alguns governos pagam uma taxa de juros maior por seus títulos do que outros. Os investidores internacionais levam estas taxas de juros em consideração quando decidem onde investir seu dinheiro. Tipicamente os títulos com taxas de juros mais altas são mais atraentes para os investidores, desde que as economias que os apoiam sejam relativamente estáveis.

Os investidores que desejam comprar títulos do governo devem comprar estes títulos com a moeda do governo representado. Se os investidores internacionais desejarem comprar títulos do governo dos EUA, então eles devem primeiro trocar suas moedas por dólares americanos. Este aumento da demanda por dólares americanos aumenta o valor do contrato futuro do Índice Dólar Americano. Ao mesmo tempo, o aumento da oferta de algumas moedas internacionais no mercado faz baixar o valor dos contratos de futuros para essas moedas.

Saber quais governos oferecem taxas de juros mais altas sobre seus títulos governamentais e, da mesma forma, quais títulos estão ganhando popularidade entre os investidores internacionais, ajudará você a identificar quais moedas os contratos futuros de compra e venda de moeda. Felizmente para os comerciantes, o mercado internacional de títulos raramente muda de direção instantaneamente. Em vez disso, ele cicla em tendências de longo prazo e de certa forma previsíveis que você pode explorar.

Você também pode negociar contratos futuros sobre os próprios títulos do governo. Se você vir que a demanda por títulos japoneses ou suíços está aumentando, por exemplo, você pode comprar o contrato de futuros para qualquer um destes títulos.

Mercados de Ações e Mercado de Futuros

Os investidores individuais em todo o mundo parecem observar as ações mais de perto do que qualquer outro mercado. As ações são emocionantes, já existem há algum tempo e a maioria dos investidores individuais pode se relacionar com as empresas nas quais estão comprando ações. Quando as ações estão funcionando bem, o dinheiro de todo o mundo flui para comprar as ações quentes. Quando as ações estão tendo um desempenho ruim, o dinheiro flui à medida que investidores internacionais vendem suas ações.

Os investidores futuros podem aproveitar os aumentos e diminuições gerais nos mercados de ações em todo o mundo, investindo ou negociando no contrato de futuros que representa os índices dos principais mercados de ações globais. Por exemplo, para tirar proveito de uma bolsa de valores em ascensão na França, um investidor de futuros pode comprar o contrato de futuros para o CAC 40. Da mesma forma, para tirar proveito de um mercado em queda no Reino Unido, um investidor de futuros pode vender o contrato de futuros para o FTSE 100.

A globalização também tornou mais fácil para investidores de um país investir nas bolsas de outros países. Se os investidores virem que as ações no Reino Unido estão tendo um bom desempenho, eles procurarão comprar essas ações. Se virem que as ações no Japão estão começando a superar as ações na Europa, poderão redirecionar seu dinheiro para fora do Reino Unido e colocá-lo no

Japão na esperança de obter taxas mais altas de retorno sobre seus investimentos.

Os preços das ações são fixados na moeda local. Para investir em ações no Reino Unido, os investidores estrangeiros devem primeiro converter suas moedas em libras esterlinas. Este aumento da demanda por libras esterlinas aumenta o valor dos contratos futuros de libras esterlinas. Como isto ocorre, o aumento da oferta de moedas internacionais no mercado, uma oferta que é desproporcional à demanda, impulsiona o valor dos contratos futuros para estas moedas para valores mais baixos.

Os investidores futuros observam de perto como as bolsas de valores dos principais países estão se saindo. Se o mercado acionário de um país começa a superar o mercado acionário de outro país, então os investidores futuros sabem que é provável que outros investidores considerem mover seu dinheiro do país com o mercado acionário mais fraco para o país com o mercado acionário mais forte. Isto aumentará o valor do contrato de futuros representando a moeda do país com o mercado acionário mais forte. E, enquanto isso, o valor do contrato de futuros representando a moeda do país com a bolsa de valores mais fraca será reduzido. Ao comprar o contrato futuro da moeda do país com a bolsa de valores mais forte, e ao vender o contrato futuro da moeda do país com a bolsa de valores mais fraca, você pode potencialmente ter um bom lucro.

CAPÍTULO 8:
Estratégias de Spread

Estratégias de Spread

Os operadores de futuros não se limitam a simplesmente comprar e vender um contrato de futuros de cada vez para tirar proveito dos movimentos de preços no mercado. Eles têm a capacidade de comprar e vender contratos de compensação no que é conhecido como spread trade.

Os spreads assumem várias formas, mas todos eles têm duas coisas em comum:

1. Eles fornecem uma proteção contra movimentos adversos de preços
2. Eles são projetados para tirar proveito das mudanças nas relações de preços entre dois contratos futuros.

Os spreads fornecem um hedge contra movimentos adversos de preços porque você simultaneamente compra e vende contratos futuros quando entra em um hedge. Como o valor de um contrato sobe o valor do outro contrato desce. Por exemplo, se você incorrer em perdas no contrato futuro que comprou como parte do spread, você pode compensá-las parcialmente com os ganhos que perceberá no contrato que vendeu como parte do spread. Por outro lado, se você incorrer em perdas no contrato futuro que vendeu como parte do spread, você pode compensá-las parcialmente com os ganhos que realizará no contrato que comprou como parte do spread.

Os spreads tiram proveito das mudanças nas relações de preços. Imagine, por exemplo, que você veja contratos futuros de petróleo bruto negociando em uma bolsa por $99 por barril e contratos futuros de petróleo bruto negociando em outra bolsa por $100 por barril. Você poderia entrar numa negociação de spread comprando o contrato futuro de petróleo bruto que estava sendo negociado a $99 por barril e vendendo o contrato futuro de petróleo bruto que estava sendo negociado a $100 por barril. Se os dois preços eventualmente convergirem, você terá lucro.

Nesta seção, estaremos nos concentrando nos três tipos de operações de spread a seguir: Spreads entre entregas, Spreads entre produtos, Spreads entre bolsas.

Spread Entre Entregas

Um spread entre entregas é aquele em que um trader compra um contrato futuro com um determinado mês de entrega e simultaneamente vende o mesmo contrato futuro com um mês de entrega diferente na mesma bolsa. Aqui está a repartição simples:

Contratos Futuros:	Mesmo
Mês de Entrega (Expiração):	Diferente
Bolsa:	Mesmo

Os spreads entre entregas também são às vezes referidos como spreads entre mercados ou spreads de calendário.

Por exemplo, se você quiser comprar o contrato de trigo de julho de Chicago (negociado na Chicago Board of Trade, ou CBOT) porque você acredita que os preços vão subir a curto prazo, mas você quer cobrir parte de sua exposição ao lado negativo. Você pode conseguir isto comprando o contrato de trigo de julho e simultaneamente vendendo o contrato de trigo de setembro. Se o preço do trigo aumentar no curto prazo, o preço do contrato de trigo de julho provavelmente aumentará mais rapidamente do que o preço do contrato de trigo de setembro, fazendo com que você ganhe mais dinheiro no contrato de julho do que perderá no contrato de setembro. Entretanto, se o preço do trigo diminuir no curto prazo, o preço do contrato de trigo de julho provavelmente também diminuirá mais rapidamente do que o preço do contrato de trigo de setembro, fazendo com que você perca algum dinheiro no contrato de julho, mas permitindo que você compense algumas de suas perdas com seus ganhos no contrato de setembro.

Os negociantes dividem os spreads entre entregas em duas categorias: spreads de touro e spreads de urso. Um spread de touro é um spread entre entregas onde você compra o contrato próximo (o contrato que expirará mais cedo) e vende o contrato diferido (o contrato que expirará mais tarde). Os negociadores utilizam o bull spread quando acreditam que os preços vão aumentar no curto prazo.

O exemplo acima de comprar o contrato de trigo de julho e vender o equivalente de setembro é um bom exemplo de uma propagação em touro.

Um spread de urso é um spread entre entregas onde se vende o contrato próximo e se compra o contrato do mês seguinte. Os comerciantes utilizam spread de urso quando acreditam que os preços vão diminuir no curto prazo.

Por exemplo, se você quiser vender o contrato de trigo de julho porque acredita que os preços vão descer no curto prazo, mas quer cobrir parte de sua exposição ao lado positivo. Você pode conseguir isto vendendo o contrato de trigo de julho e, simultaneamente, comprando o contrato de trigo de setembro. Se o preço do trigo diminuir no curto prazo, então o preço do contrato de trigo de julho provavelmente diminuirá mais rapidamente do que o preço do contrato de trigo de setembro, fazendo com que você ganhe mais dinheiro com o contrato de julho do que perderá com o contrato de setembro. Por outro lado, se o preço do trigo aumentar no curto prazo, então o preço do contrato de trigo de julho provavelmente também aumentará mais rápido do que o preço do contrato de trigo de setembro, fazendo com que você perca algum dinheiro no contrato de julho, mas permitindo que você compense algumas dessas perdas com seus ganhos no contrato de setembro.

Spread Entre Commodities

Um spread entre commodities é um spread no qual um trader compra um contrato de futuros com um determinado mês de entrega e simultaneamente vende um contrato de futuros diferente, mas relacionado, com o mesmo mês de entrega na mesma bolsa. Aqui está o exemplo de execução:

Contratos Futuros:	Diferente
Mês de Entrega (Expiração):	Mesmo
Bolsa:	Mesmo

Imagine novamente que você quer comprar o contrato de trigo de julho de Chicago porque acredita que os preços vão subir a curto prazo, mas quer se proteger um pouco de sua exposição ao lado negativo. No entanto, atualmente você não vê nenhuma vantagem de preço no uso de um spread entre entregas. Em vez disso, você decide usar um spread entre produtos e cobrir o risco que você enfrenta (como consequência da compra de um contrato de trigo de julho), vendendo um contrato de milho de julho de Chicago.

Trigo e milho são duas commodities diferentes, mas estão relacionadas. Ambos têm estações de crescimento relativamente semelhantes, ambos são cereais e ambos são importantes no fornecimento global de alimentos. Agora, entretanto, você acredita que o preço do trigo vai aumentar mais rapidamente do que o preço do milho. Para aproveitar esta discrepância de preço, você decide comprar o contrato do trigo de julho e vender o contrato do milho de julho. Se o preço do trigo aumentar mais rapidamente no curto prazo do que o preço do milho, o preço do contrato do trigo de julho provavelmente aumentará mais rapidamente do que o preço do contrato do milho de julho, permitindo que você ganhe mais dinheiro com o contrato do trigo de julho do que perderá com o contrato do milho de julho. Por outro lado, se o preço do trigo diminuir mais rapidamente no curto prazo do que o preço do milho, o preço do contrato do trigo de julho provavelmente também diminuirá mais rapidamente do que o preço do contrato do milho de julho, fazendo com que você perca algum dinheiro no contrato do trigo de julho, mas permitindo que você compense algumas de suas perdas com seus ganhos no contrato do milho de julho.

Spreads Entre Bolsas

Um spread entre mercados é um spread no qual um trader compra um contrato de futuros com um mês de entrega definido e simultaneamente vende o mesmo contrato de futuros com o mesmo mês de entrega em uma bolsa diferente. Aqui está a repartição:

Contratos Futuros:	Mesmo
Mês de Entrega (Expiração):	Mesmo
Bolsa:	Diferente

Os spreads entre bolsas também são às vezes chamados de spreads entre mercados. Imagine que você quer comprar o contrato de trigo de julho de Chicago porque você acredita que os preços vão subir a curto prazo, mas que você também quer cobrir parte da sua exposição ao lado negativo. No entanto, em vez de se proteger usando um spread entre entregas ou um spread entre acomodações, você decide usar um spread entre trocas, protegendo seu contrato longo de trigo de julho de Chicago com um contrato curto de trigo de julho de Kansas City (negociado na Câmara de Comércio de Kansas City).

O trigo de Chicago e o trigo de Kansas City são bastante similares. Se um contrato é negociado a um preço mais alto que outro contrato, você pode comprar o contrato que é negociado a um preço mais baixo e vender o contrato que é negociado a um preço mais alto. Ao fazer isso, você está comprando a preço baixo e vendendo a preço alto. Se os dois preços eventualmente convergirem mais uma vez, então você terá um lucro.

CAPÍTULO 9:
Diversificação

Diversificação

A diversificação é a prática de distribuir seus fundos por uma ampla gama de investimentos não relacionados. Assim como um treinador de futebol coloca estrategicamente seus jogadores em todo o campo para tirar vantagens das mudanças no jogo e explorar as fraquezas do adversário, você deve procurar colocar estrategicamente seu dinheiro no mercado futuro para estar preparado para lucrar com qualquer setor do mercado que possa começar a se mover.

A diversificação pode ajudar a proteger sua carteira comercial contra perdas repentinas e profundas. Digamos que se você pegasse todo o seu dinheiro e comprasse contratos futuros sobre petróleo bruto apenas para ver o preço do petróleo virar e despencar em um único dia. Não seria preciso um movimento muito grande para liquidar toda a sua conta. Agora imagine se você pegasse algum de seu dinheiro e comprasse alguns contratos futuros sobre petróleo bruto, alguns contratos futuros sobre milho, alguns contratos futuros sobre o S&P 500 e alguns contratos futuros sobre ouro. Mesmo que o preço do petróleo caísse drasticamente causando a perda de dinheiro nessa negociação, você ainda teria outras três negociações que não tivessem sido afetadas pela mudança no preço do petróleo.

Obviamente, você não deve investir em contratos futuros aleatórios apenas para diversificar sua conta. Você deve sempre acreditar que a negociação que você está fazendo tem o potencial de ser uma negociação lucrativa. Mas você deve procurar repartir seu risco por várias negociações atraentes.

A diversificação vem em diferentes formas e tamanhos. Nesta seção, analisaremos duas maneiras de diversificar sua conta de forma lucrativa: Diversificação de mercadorias, diversificação de estratégias.

Diversificação de Commodities

Talvez a forma mais óbvia e direta de diversificação seja a diversificação entre várias commodities. Como mencionado, há poucas chances de que você perca dinheiro com um contrato de petróleo bruto, um contrato de milho, um contrato S&P 500 e um contrato de ouro ao mesmo tempo. Estes contratos de futuros não são todos afetados pelas mesmas forças de mercado. Por outro lado, alguns contratos futuros estão intimamente relacionados. E se você investir apenas em contratos futuros estreitamente relacionados, você pode perder dinheiro em cada contrato. Por exemplo, o petróleo e o gás natural estão intimamente relacionados, o milho e o trigo estão intimamente relacionados, o S&P 500 e o FTSE 100 estão intimamente relacionados e o ouro e a prata estão intimamente relacionados.

Os negociadores que conseguem a diversificação ideal de mercadorias procuram repartir seus negócios entre os vários setores futuros. Para revisar, os seguintes setores compreendem a categoria de futuros de commodities:

- Agricultura
- Metais de Base
- Energias
- Carnes
- Metais Preciosos
- Softs

Os seguintes setores compreendem a categoria de Futuros financeiros:

- Títulos
- Moedas
- Taxas de juros de curto prazo
- Índices de Ações

Para colocá-lo em perspectiva, você tem muitos setores de futuros para escolher quando você é um trader de futuros. Você não precisa se limitar a apenas um ou dois desses setores. Você pode negociar um contrato no setor de softs, no setor de títulos, no setor de energia e no setor agrícola e diversificar seu risco.

Naturalmente, você deve conduzir uma análise completa antes de colocar qualquer negociação. Lembre-se, você não deve diversificar entre contratos aleatórios apenas por causa da diversidade. Você deve sempre ter um motivo para comprar ou vender um contrato específico.

Se você está apenas começando a negociar com futuros, pode levar algum tempo até que você se sinta confortável com contratos comerciais de todos os setores de futuros, e isso é muito bom. Não há pressão para negociar tudo e a especialização muitas vezes é melhor no início.

Diversificação da Estratégia

A diversificação diz respeito não apenas a *quais* contratos futuros você escolhe comprar e vender, mas também a *como* você decide comprar ou vender esses contratos. A diversificação de estratégias pode ser tão importante para seu sucesso geral quanto a diversificação de mercadorias.

Você aprendeu muitas estratégias comerciais diferentes ao longo deste livro. Você aprendeu sobre negociação com padrões de preços, negociação com indicadores técnicos, e negociação com várias estratégias de spread. Agora é hora de começar a usar essas várias estratégias.

Por exemplo, se você estiver olhando para os diferentes setores do mercado porque quer manter uma quantidade saudável de diversificação de mercadorias, e você notar que os contratos futuros em um dos setores (ex. metais preciosos) estão se movendo lateralmente enquanto os contratos futuros em um dos outros setores do mercado (ex. energias) estão se movendo mais alto em uma forte tendência ascendente. Certamente, você poderia diversificar sua conta e comprar alguns contratos nos setores de metais preciosos e alguns contratos no setor de energia e alcançar um alto nível de diversificação de mercadorias, mas será essa realmente a maneira mais eficaz de empregar seu dinheiro nessas negociações?

Comprar os contratos no setor de energia é provavelmente uma boa ideia, porque esses contratos estão atualmente em alta tendência. Entretanto, comprar os contratos nos setores de metais preciosos parece uma perda de tempo, porque esses contratos estão sendo canalizados de forma lateral. Talvez uma utilização mais eficaz do seu dinheiro seria implementar uma estratégia de spread, como um spread entre entregas, que aproveite os contratos futuros que estão se movendo para os lados. Ao fazer isso, você não apenas garantiria que alcançaria o nível desejado de diversificação de mercadorias, mas também que estaria usando a estratégia comercial apropriada para o que o mercado lhe oferece. Tente tomar aspectos desta abordagem com suas negociações de futuros. Se você achar que uma estratégia não está funcionando, tente outra. Você só está limitado por sua imaginação e por sua vontade de ser criativo.

No final, se você puder diversificar suas negociações através de múltiplos contratos futuros e implementar algumas estratégias comerciais diferentes para tirar vantagem de quaisquer circunstâncias que o mercado esteja lançando sobre você, você descobrirá que está no caminho certo para se tornar um negociador de futuros bem-sucedido.

CAPÍTULO 10:
Fundos de Índices

Os fundos negociados em bolsa (ETFs) são fundos de investimento que são negociados em bolsas de valores. Embora não sejam fundos mútuos, eles oferecem todos os benefícios da diversificação que você desfrutaria ao negociar um fundo mútuo. Os ETFs também desfrutam de todos os benefícios de liquidez que você tem ao negociar ações individuais. Em termos simples, ETFs são fundos que negociam como uma ação.

Os ETFs oferecem diversificação instantânea porque, ao comprar um ETF, você compra uma parte de um fundo que incorpora múltiplos ativos. Os ETFs são como um grande pool de ativos no qual os administradores de fundos colocam vários ativos, tais como ações, títulos e commodities. Quando você compra uma ETF, você compra a propriedade por atacado do fundo e seu conteúdo como um todo, e não a propriedade fragmentada do conteúdo individual.

Você pode ganhar dinheiro com uma ETF. Como o valor dos ativos dentro do pool aumenta, aumenta também o valor total do pool. Por outro lado, à medida que o valor dos ativos dentro do pool diminui, diminui também o valor total do pool. Em outras palavras, à medida que os ativos dentro de uma ETF aumentam em valor, o valor da ETF aumenta, e à medida que os ativos dentro de uma ETF diminuem em valor, o valor da ETF diminui.

Diversificação Instantânea

As ETFs lhe dão a capacidade de possuir simultaneamente múltiplos ativos sem ter que comprar cada ativo individualmente. Imagine, por exemplo, os custos comerciais que se acumulariam e o capital que você precisaria ter em sua conta se tivesse que comprar cada ação dentro do S&P 500 individualmente.

A diversificação também pode ajudar a protegê-lo contra riscos não-sistemáticos. Por exemplo, se você possui apenas uma das ações do Índice Nikkei 225, e essa ação perde valor, você perderá dinheiro em seu investimento. Entretanto, se você for proprietário de todo o Índice Nikkei 225 através de um ETF, e essa mesma ação cair, você terá 224 outras ações em torno dele que provavelmente garantirão que o valor do índice inteiro permaneça estável ou suba mais alto.

Muitos dos ETFs mais populares rastreiam amplos índices de mercado. A seguir, apenas alguns exemplos:

S&P 500

Dow Jones Industrial Average

FTSE 100

DAX Index

Nikkei 225

FTSE/Xinhua China 25 Index

NASDAQ 100

CAC 40 Index

Muitas ETFs também acompanham vários setores do mercado, tais como os seguintes:

Tecnologia da informação
Energia
Materiais
Industrial
Telecomunicação
Serviços públicos
Saúde
Financeiro

Trade de Mercado Aberto

As ETFs são livremente negociadas em bolsas de valores, assim como as ações normais. Desde que as bolsas de valores nas quais as ETFs são negociadas estejam abertas, você pode comprar ou vender qualquer ETF. Isto é uma vantagem sobre os fundos mútuos.

Os fundos mútuos normalmente só são negociados no final do dia de mercado uma vez que todos os ativos dentro dos fundos possam ser avaliados. Nesse momento os fundos recebem um valor de fechamento para o dia, e você pode comprar ou vender os fundos pelo valor de fechamento. Infelizmente durante os dias de negociação, quando os ativos dentro dos fundos estão perdendo valor, você deve segurar os fundos até o final do dia, independentemente do valor que os fundos estão perdendo. Para concluir, quer você veja o valor de um ETF aumentando ou diminuindo durante o dia de negociação, você pode comprar ou vender o ETF para aproveitar o movimento do preço.

Você pode proteger suas negociações ETF definindo ordens de stop loss. Como os ETFs são negociados livremente, você pode definir ordens stop-loss que podem retirá-lo de suas negociações durante o dia de mercado quando seu preço pré-determinado for atingido. Se você estivesse negociando fundos mútuos para obter diversificação, você não teria esta capacidade porque só pode comprar ou vender fundos mútuos no final do dia de negociação depois que os mercados tiverem fechado. Portanto, não importaria se seu preço de ativação fosse atingido durante o dia de mercado porque você não seria capaz de sair de sua negociação.

Ordens de Stop Loss

As ordens de stop loss permitem implementar medidas apropriadas de gerenciamento de risco em sua conta. Consequentemente, você pode simultaneamente proteger seu capital de investimento através de ordens de diversificação e de stop-loss.

Taxas Menores

Quando você dá seu dinheiro a um gerente para investir, normalmente você tem que pagar uma taxa a esse gerente. Normalmente, quanto mais ativo for o papel do gerente nas decisões de investimento, maior será a taxa que você terá que pagar. Os ETFs normalmente têm taxas mais baixas porque são geridos passivamente, ao contrário de muitos fundos, incluindo fundos mútuos que são geridos ativamente.

Muitos ETFs rastreiam um índice específico, setor de mercado e assim por diante. Como a composição da maioria dos índices de ações e setores de ações mal muda, os gerentes da maioria dos ETFs muitas vezes não precisam mudar as participações dentro do fundo. Consequentemente, como esses gestores não desempenham um papel tão ativo, eles cobram uma taxa mais baixa.

A maioria dos gestores de fundos mútuos, por outro lado, tomam decisões diárias com relação aos ativos que vão adicionar a suas carteiras, que ativos vão manter em suas carteiras e que ativos vão remover de suas carteiras. Esta gestão ativa e as taxas comerciais que ela produz aumentam as taxas que os gestores de fundos mútuos cobram de seus clientes.

CONCLUSÃO

Obrigado por ter chegado ao fim de *Estratégias de Trade de Futuros*. Esperemos que tenha sido informativo e capaz de fornecer a você o primeiro conjunto de ferramentas necessárias para atingir seus objetivos de negociação usando futuros e ganhando dinheiro com eles.

O próximo passo é testar suas habilidades na negociação e construir seu capital de risco para que você possa fazer negociações adicionais. Isto lhe dará a motivação de que você precisa para ter sucesso.

Tenho vários outros livros sobre diferentes aspectos da negociação e classes de ativos, por favor, confira-os!

PERFIL DO AUTOR

Wayne Walker é o diretor de uma empresa de educação e consultoria de mercados de capitais globais (gcmsonline.info). Ele tem vários anos de experiência em liderar e treinar equipes de Consultores de Investimento e gerenciou equipes de alto desempenho no Grupo de Clientes Privados com base no Bench Mark Earnings (BME).

www.ingramcontent.com/pod-product-compliance
Lightning Source LLC
Chambersburg PA
CBHW070441220526
45466CB00004B/1750